W9-BHR-948

姚明
YAO MING

篮球界的巨星

2ND EDITION

Grace Wu

CHENG & TSUI

Boston

For Tony, Andrew and James

23 22 21 20 19 18 17 16 15   1 2 3 4 5 6 7 8 9 10

Second Edition 2016

Published by
Cheng & Tsui Company
25 West Street
Boston, MA 02111-1213 USA
Fax (617) 426-3669
www.cheng-tsui.com "Bringing Asia to the World"™

ISBN 978-1-62291-099-1 Second Edition with no Pinyin Annotation
ISBN 978-1-62291-097-7 Second Edition with Pinyin Annotation

The Library of Congress has catalogued the first edition as follows:
Wu, Grace.
Yao Ming : Chinese biographies : graded readers = [Yao Ming : lan qiu de ju xing : ren wu zhuan ji : Zhong wen pin yin fu zhu du ben] / Grace Wu.
     p. cm.
Text in Chinese and pinyin, with occasional English translation.
Parallel title in Chinese characters.
Includes bibliographical references.
ISBN 978-0-88727-759-7 (pbk.)
1. Chinese language--Textbooks for foreign speakers--English. 2. Yao, Ming, 1980- 3. Basketball players--China--Biography. 4. Basketball players--United States--Biography. I. Title. II. Title: Graded readers. III. Title: Yao Ming : lan qiu de ju xing.

PL1129.E5W75 2010
495.1'86421--dc22

                    2010075003

Cover photo: Mayskyphoto / Shutterstock.com

Interior illustrations: viperagp, xxxx_3D, mrgarry, efks, pixelcaos, Mariano Pozo Ruiz, István Hájas / Fotolia.com

Printed in the United States of America

❖ 目录 ❖

Contents

Foreword to the Second Edition

It is my distinct pleasure to write this Foreword for Grace Wu's *Chinese Biographies* series that is being published by Cheng & Tsui. To see these books now being edited by my esteemed colleague is truly a cause for joy.

I applaud the use of orthographically correct pinyin annotation above every Chinese word in the original version. Due to its success, it is satisfying to see this series now available in a new Second Edition in both a no pinyin version and a pinyin annotated version for different teaching and learning styles.

The subject matter of the first six volumes has been well chosen: the biographies of Lang Lang, Yao Ming, Vera Wang, Jay Chou, Jeremy Lin, and Ang Lee. They will prove attractive to students from junior high school through college, and even adults who are learning Chinese will find them valuable.

May this be the beginning of a long-lasting and flourishing series of biographies featuring a wide range of figures in science, sport, education, the arts, public life, and other fields of endeavor. I am sure that the Cheng & Tsui *Chinese Biographies* series edited by Grace Wu will be warmly welcomed by students and teachers alike, and that they will benefit greatly from these excellent, well-conceived readers.

Victor H. Mair
Professor of Chinese Language and Literature
University of Pennsylvania

About the Author

Grace Wu is Senior Lecturer in Foreign Language in the Department of East Asian Languages and Civilizations at the University of Pennsylvania, specializing in Chinese literacy and Chinese character teaching. Currently, Ms. Wu is the Chinese Reading and Writing Course Coordinator. The *Chinese Biographies* series won First Place in the Grants Showcase Competition. The project was also designated SAS Best Grant Project of 2012.

Preface to the Second Edition

Cheng & Tsui's *Chinese Biographies* series consists of Chinese learning materials targeted toward high school and college students. One of the most challenging aspects of learning Chinese is mastering the skills of reading and writing. Extensive reading practice is the best way to improve Chinese reading ability, fluency, and word usage, but there is a shortage of reading materials specifically geared toward learning Chinese. In the United States, students typically learn colloquial Chinese (口语) and are rarely exposed to more formal written language (书面语). The goal of this series is twofold: to serve as a useful teaching resource for educators, and to provide engaging leisure reading material, for students. This series specially targets students at the advanced-beginner to low-intermediate levels of proficiency, or with knowledge of approximately 1,000–2,000 vocabulary words, whose Chinese speaking skills are comparatively stronger than their Chinese reading skills.

When this series was first introduced, pinyin annotation above every Chinese word was provided in the books n order to facilitate adaptation of the content for students at different proficiency levels. In response to popular demand, this second and updated edition now comes in a choice of a version with no pinyin annotation and one with pinyin annotation. Pinyin annotations are also separately available on the companion website **cheng-tsui.com/chinesebiographies**.

This series includes special features designed for maximum educational effectiveness, such as:

1. Simple, easy-to-understand Chinese with content suitable for American students

Beginner-level Chinese reading materials published in China, Taiwan, Hong Kong, and Singapore primarily contain fairy tales, fables, historical stories, or stories about the origins of Chinese idioms. However, these stories can be less suitable for students raised outside Chinese-speaking areas, who may not be as familiar with the underlying historical and cultural background. Lang Lang and Yao Ming, the subjects of the first two biographies in this series, are two well-known figures in American society. Both were born in China but developed their careers in the United States and are popular internationally. Students will be able to compare American and Chinese cultures through reading their life stories, and may also empathize with Lang Lang and Yao Ming regarding the challenges of being a young person in America. Jay Chou is known as Asia's King of Pop. By learning about his life and music, students will be encouraged to think about and discuss the differences between their own cultural backgrounds and the traditional Chinese values expressed in his lyrics. Vera Wang is not only well-known in America, but she is especially popular among the younger generation. The story of a successful businesswoman who manages to balance family and career is one that many students will find inspiring. Jeremy Lin, a Harvard graduate who was drafted into the NBA, shares a remarkable and inspiring story, too. Over the course of many setbacks, he finally grasped the opportunity to achieve his dreams in 2012. Finally, Ang Lee, the 2006 and 2013 Winner of the Academy Award for Best Director, has not only built a great reputation in Hollywood, but has directed movies that resonate with a global audience. With his films, he bridges the gap between Eastern and Western culture, and gets people to think about the important things in life.

Reading comprehension requires sufficient background knowledge as well as word recognition. By reading about topics that are interesting and familiar to them, American students can increase their engagement and confidence in their Chinese reading skills.

2. Learning resources online and in the book

This series is also accompanied by a companion website at **cheng-tsui.com/chinesebiographies** that includes vocabulary lists, interactive exercises, audio recordings, additional exercises, English translations, *pinyin* scripts, and teaching resources. Teachers can adapt these resources to the particular needs of their students and classrooms. This series includes both printed and online components for two reasons: to flexibly meet the different needs of diverse readers, and to keep the printed materials slim and affordable, reducing the burden on students buying class materials.

Online materials include true-false questions, multiple choice questions, and crossword puzzles for further practice to improve grammar and vocabulary. The exercises are located online in the hope that students can immerse themselves in the reading experience and follow the plot of the story with minimal interruption. These exercises can also serve as a template for teachers to design classroom activities or students to engage in additional independent study.

Each chapter in the book includes pre-reading questions designed to facilitate brainstorming and discussion. The post-reading questions in each chapter are intended to delve deeper into cultural discussions; young people who grew up in the United States can articulate their opinions and compare their experiences. As teachers, we should encourage our students' capacity for critical thinking, even though their language skills may be basic.

The materials on the companion website also include the *pinyin* scripts of the text. In the past, most publications have paired Chinese characters with *pinyin* equivalents at the character level (for example, 汽车 is paired with *qì chē*). But by using recently developed software, the *pinyin* scripts are separated by word rather than syllable for reading and pronunciation development. For example, 汽车 is paired with *qìchē*, which more precisely matches the syntax of the Chinese. This distinction is especially important for learning Mandarin, and also facilitates student interpretation of the text by helping students to develop skills in discerning word boundaries and sentence structure.

My hope is that these books will not only provide enjoyment and interest to the process of learning the Chinese language, but also foster students' appreciation of contemporary figures who have contributed to world culture in many different spheres. The ability to comprehend reading materials independently is an important and exciting stage of learning a language. What better way to exercise this skill than to learn about these notable figures, who overcame so many obstacles in developing their own exceptional talents?

Grace Wu
University of Pennsylvania
July 2015

第二版前言

剑桥出版社的"人物传记：中文读本系列"是针对在美国长大的青少年所设计的辅助中文学习教材。学习中文的最大难处，除了四声音调之外，就在读写。然而，要使阅读能力进步的方法就是通过大量的阅读来提高阅读水平，流利程度和用词遣字。在美国，由于缺乏专门为中文学习者编写的中文泛读教材，学生在学习中文的过程中，主要以学习"口语"的教科书为主，学习"书面语"的环境则相对不足。本系列旨在设计一套老师方便使用，也能引发学生自行阅读的中文拼音读本。这套教材主要面向已拥有1000到2000词汇量的初级和中级中文学者，特别是已有普通话口语基础，而中文阅读水平不足的学生。

本系列最初出版时，为了能帮助程度不同的学生更好地学习中文，每一章的文本上都配有拼音。应广大老师的要求，本系列第二版将会有拼音注本与无拼音注本两个版本供老师选择。无拼音注本版本的拼音也将会在与教材搭配的辅助网站(cheng-tsui.com/chinesebiographies.com)上供老师下载。

本系列的特点如下：

1. 使用浅易的文字（浅语），内容适合美国青少年的心智程度

在中国、台湾、香港、新加坡所出版的"浅语"中文读物，大多数属于童话故事、动物故事、历史故事或成语故事。对美国青少年而言，一则，与其心智程度不符，再则，对其历史背景和民情风俗不了解。本系列第一册"郎朗"和第二册"姚明"都是在美国家喻户晓的人物。他们都是在中国出生，来美国发展并走向世界的佼佼者。通过他们的故事，学生能看到中美文化的不同，并从他们在美国成长奋斗的过程中产生共鸣。第三册"周杰伦"被喻为亚洲流行天王，透过了解他的生平与创作歌曲，学生得以自发性地将自身的文化背景与歌词中流露出的中国传统核心价值相比较。我希望透过强烈的对比，引发课堂上讨论的动机和对文化差异的思考。第四册"王薇薇"，一来，她是美国家喻户晓的人物，也是年轻人关注的对象。二来，我希望学生们看到一位成功女性如何在家庭和事业之间维持平衡。在此系列加入第五册"林书豪"：打进NBA的哈佛毕业生，他的故事精彩又振奋人心，在经过一次一次的失败挫折后，在2012年抓住机会，终于美梦成真。第六册"李安"：2006和2013年奥斯卡金像奖最佳导演，他的影片不但成功打进好莱坞，同时也在全球热卖。他是一个游走在中西文化中的电影大师，引导观众去思考人生的价值。

由于阅读除了文字以外，还需要相当成分的背景知识，因此选择美国学生熟悉，喜欢的题材必能提高学习的兴趣和阅读的自信心。

2. 网络辅助资源

本系列阅读教材搭配免费配套网站（cheng-tsui.com/chinesebiographies），提供学生生词表，录音，练习题，拼音脚本和课堂建议活动等教学资源。教师可以根据学生不同的需要和课堂活动做调整。本系列辅助读本之所以分书面和网络两大部分的目的是1）适合不同需求的读者，2）降低出版成本，进而降低书费，减轻学生负担。

读本的每一章有阅读前讨论问题，老师可以和学生进行脑力激荡，阅读后的理解问题老师可以和学生进行更深层次的文化讨论。在美国长大的青少年，善于表达自己的见解和判断。我们不可因为学生的语言水平不足而低估了他们的思辨能力。除此之外，我们将是非，选择和字谜等练习题放在网络上，是希望学生在阅读时能持续不中断，随着故事的情节享受阅读的乐趣。同时，这些美国学生喜欢的练习形式可以帮助老师设计课堂活动或学生自行练习。

同时本系列的网络辅助资源还包括课文拼音脚本。过去的拼音脚本将拼音按字分开，本系列的拼音脚本利用最新开发的软件，根据汉语拼音正词法正确地标注拼音来完善学生的阅读能力与发音。正确的拼音正词法对汉语学习者尤其重要。比如，以"qìchē"来代表"汽车"。如果"qì chē"两个拼音分开，对学生而言，可能有不同的理解。透过使用汉语拼音正词法学习词汇，进而到句子，段落和故事篇章。

我期望这系列的辅助教材不但可以增进学生阅读中文的乐趣，也可以从这些当代人物身上看到他们对世界不同文化的贡献。对学生来说，独立地阅读和理解对学习语言非常重要。藉着阅读名人传记看到他们克服困难，迈向成功的同时，学生将可以进一步提升中文的阅读程度。

Grace Wu
University of Pennsylvania
2015 年 7 月

Acknowledgments

I would like to thank Professor Victor Mair of the East Asian Languages and Civilizations Department at the University of Pennsylvania for his tireless advocacy of the use of *pinyin* alongside Chinese characters as a pedagogical tool, and for his expertise and guidance in bringing this project to fruition.

During the process of collecting materials, I received SAS Language Teaching Innovation Grants and an SAS Teaching Relief Award from the University of Pennsylvania. My special thanks go out to Dr. Mien-hwa Chiang, Dr. Maiheng Dietrich, Dr. Christina Frei, Dr. Dixon, Ms. Lada Vassilieva, and all of my colleagues at Penn for their constant encouragement. Thanks to their continued confidence in and strong support of my work, the *Chinese Biographies* series won first place in the 2012 Penn School of Arts and Sciences grants showcase competition.

I am indebted to Jill Cheng and Bing Wang at Cheng & Tsui for their expertise and guidance, and to Zhanqing Liu for her careful attention to the copy editing of these books.

I would also like to thank Ms. Zhiping Yi and Ms. Fang Song from the Inter-University Program at Tsinghua University, and Ms. Yi Li, Ms. Yaoyan Zhou, and Ms. Qi Wang at the University of Pennsylvania for their work on the grammar exercises and audio files on the companion website. Last, but certainly not least, my thanks go to my team of assistants—Mr. Ryan Ye, Ms. Jian Liu, and Ms. Elsie Piao—for their diligent work and patience in editing and providing technical assistance throughout the development of these books.

第一章

1

❖ 中国 篮球 运动 的 发展 ❖

The History of Basketball in China

阅读 前 讨论题：

1. ❖ 你 最 喜欢 的 运动 是 什么？ 为什么？

   What is your favorite sport? Why do you like it?

2. ❖ 你 知道 篮球 的 起 源吗？ 谁 发明 了 篮球？ 你

   喜欢 打 篮球 吗?

   Do you know anything about the history of basketball? Who invented it? Do you like playing basketball?

3. ❖ 你 喜欢 看 篮球 比赛 吗？ 为什么？

   Do you like watching basketball games? Why or why not?

4. ❖ 你 知道 姚明 是 谁 吗？ 你 知道 他 多 高 吗?

   NBA 最 高 的 球员 是 谁?

   Do you know who Yao Ming is? How tall is he? Who is the tallest player in the NBA?

5. ❖ 外面天气很冷的时候，你会做一些什么样的室内运动？

When it's cold outside, what sorts of indoor exercise do you do to stay active?

"我对姚明最欣赏的地方就是他对待比赛的那种谦虚和热情的态度，在如今的NBA中，有这些优点的球员已经看不到了。"

—杰夫·范·甘迪（Jeff Van Gundy），前火箭队教练

"大体上，我只想告诉姚明我们为他感到骄傲。他以一种庄重、优雅和幽默的方式回答了数千个我们反复听到的问题，我们能看到他肩上的担子。他很像中美两国之间的大使。通过姚明，美国正在逐渐了解中国，许多中国人也在认识美国……。"

—NBA主席大卫·斯特恩（David Stern）

1891 年 的 12 月，一 位 麻省（Massachusetts）的 体育 教练 詹姆斯·那史密（James Naismith）教授 发明 了 篮球 这项 运动。那史密 教授 希望 这项 运动 可以 让 他 的 学生 在 漫长 的 冬天 保持 体型，此后 篮球 运动 渐渐 地 传到 了 地球 上 的 每 一 个 角落，成为 世界 上 最 流行 的 运动 之一。来自 不同 文化 背景、说 不同 语言 的 人 都 可以 通过 篮球 聚集 在 一起。

近年 来，NBA 吸引 了 世界 上 最 优秀 的 球员。世界 各地 的 篮球迷 都 可以 在 电视 上 观看 他们 喜爱 的 球员 比赛。但是 有 一 位 NBA 外籍 球员 最为 出众。休斯顿 火箭 队（Houston Rockets）中 来自 中国 的 姚明 也许 是 世界 上 最 受 欢迎 的 篮球 队员 了。七 英尺 五 英寸 的 他 是 球员 中 最高的。球迷们被他的球技和亲切开朗的性格所吸引。他不仅能够在篮筐之上封盖对手，或者来一个猛烈的灌篮，他还可以快速通过场地，声东击西地传球到外线来一个轻跳投篮。渐渐地，姚明开始走上了篮球巨星之路。一位体育记者曾写道："姚明不只是篮球场上的明日之星，而且是最佳之星。"很多人都认为，姚明的球技和个人魅力可以有助于中国篮球运动的发展。

几十年以前，中国球员在 NBA 中出现或是成为世界级的球员还被认为是一件异想天开的事情。当时中国的篮球运动员也很难达到 NBA 的水平，甚至很少有人知道篮球这项运动。

1949 年中华人民共和国成立了。中国是社会

主义 国家，政府 认为，政府 应该 尽量 控制 人民 生活 的 很多 方面，包括 体育 事业。

一直 到 80 年代，中国 政府 都 不是 很 重视 全民 体育 运动。虽然 当时 中国 的 人口 超过 13 亿，但是 会 打 篮球 的 非常 少。政府 只 特别 培养 了 一些 篮球 运动员 来 代表 国家 参加 奥林匹克 运动会（Olympic Games）之类 的 国际 比赛。国家 会 挑选 有 潜力 的 运动员，把 他们 送到 特殊 的 体育 学校 参加 训练，将来 为 国家 效力。很少 有 中国人 单纯 为了 娱乐 而 打 篮球，而且 当时 中国 公共 的 篮球 场 也 很少。

但 在 过去 的 几十年 里，情况 有 了 改变。政府 意识 到 运动 有助于 强身 健体，所以 开始 鼓励 人们 参与 体育 运动。由于 篮球 需要 的 场地 和 设备 很少，所以 它 成了 比较 受 欢迎 的 运动 之一。

　　1978 年，中国 开始 对外 开放。外来 文化 通过 电视 进入 中国，体育 运动 就是 那时 中国 电视台 的 节目 内容 之一。随着 中国人 开始 观看 美国 篮球 比赛，他们 对 这项 运动 也 更 有 兴趣 了。

　　如今，中国 人 有了 网络，因而 可以 在 网络 上 观看 世界 各地 的 电视 节目，包括 NBA 篮球赛。篮球 变得 非常 流行，特别 是 在 大城市 的 年轻人 中。现在 可能 有 2 亿 中国人 在 打 篮球。中国 也 有了 自己 的 职业 篮球队 和 中国 男子 篮球 职业 联赛（Chinese Basketball Association；简称 CBA）。常规 赛季 的 CBA 比赛 有 1.3 亿 的 球迷，比 美国 超级 碗（Super Bowl）的 观众 还 多！

阅读 后 理解 讨论题：

··

1. ❖　文章　中提到：“姚明 的 球技 和 个人 魅力

可以 有助于 中国 篮球 运动 的 发展。”

你 认为 呢？

The chapter says: "Yao Ming's basketball skills and personal charisma could help develop basketball in China." What do you think?

2. ❖　近几十年，中国 政府 对体育运动 的 态度

是 如何 转变 的？

In recent decades, how has the Chinese government's attitude toward sports changed?

3. ❖ 你 看过 中国 的 CBA 比赛 吗? 你 觉得 CBA

和 NBA 有 什么 不同?

Have you ever watched a CBA game? Do you notice any differences between the CBA and the NBA?

4. ❖ 为什么 篮球 现在 在 中国 很 流行?

Why is basketball so popular in China today?

Please visit www.cheng-tsui.com/chinesebiographies for audio files, vocabulary lists, comprehension exercises and more!

第二章

2

❖ 姚 明 的 青 少 年 时 期 ❖

Yao Ming's Adolescence

阅读前讨论题：

1. ❖ 姚明出生在一个篮球世家。你认为这对姚明选择篮球作为自己的职业有什么影响？

Yao Ming was born into a family of basketball players. How do you think this affected his decision to become a professional basketball player?

2. ❖ 姚明12岁就离开家去上寄宿学校。你上过寄宿学校吗？你觉得寄宿学校有何优缺点？

At age 12, Yao Ming left home for boarding school. Have you ever attended boarding school? What do you think the advantages and disadvantages of boarding school are?

3. ❖ 大家认为姚明的高个头给他的篮球生涯带来优势。你认为高个头有缺点吗？

Everyone believes Yao Ming's height has been advantageous to his basketball career. Do you think being very tall has any disadvantages?

"姚明出生于1980年9月12日，是家里的独生子。尽管在美国他被人叫做"姚"，但其实这是他的姓。在中国，名字是放在姓之后的。

姚明在上海郊外长大。他9岁就开始参加篮球训练。他小小年纪就已经知道怎样运球和投篮，这要感谢他的父母。

姚明的父母都曾是中国篮球运动员。他父亲有六英尺七，母亲有六英尺三。七十年代，他们俩都曾在中国国家队打球，并曾参加奥林匹克运动会。他们因为打篮球而相识，所以篮球也一直是他们生活中非常重要的一部分。

从姚明学会走路开始，他家里就总是放着一个篮球。把球拍来拍去是他最喜欢做的事情。

因为出生在一个篮球家庭，所以运球和投篮几乎成了他的第二本能。但是姚明的父母没有强迫他打篮球。就像在美国的孩子一样，父母鼓励他和别的同龄人一起玩耍。

然而，在还是一个小男孩的时候，姚明就已经与众不同了。他比伙伴们长得高得多，他的带球技术也远远超过了和他一样大的孩子。当姚明上中学的时候，他参加了青年篮球协会。在那里，他的教练们很快就发现了他的篮球天份。

姚明12岁的时候被选进上海的一个市级体育学院，那是给上海地区最优秀的年轻运动员上的学校。姚明离开家和其它学生住进了学校的宿舍。姚明对离开家住有些害怕，尽管放假的时候他可以和父母见面。但是他也明白能上这样的学校是个非常难得的机会。

在中国，对优秀运动员的待遇是不一样的。政府希望中国在国际比赛中取得好成绩，所以体育明星会得到一般人得不到的特权。如果一个运动员幸运地成为国家队的一员，他不但会上特殊的学校，而且会得到比大多数中国人更高的工资、更大的公寓和其它各种补贴。姚明的父母都曾经得到过这样的待遇，所以他知道上体育学校会给他过上好生活的机会。

突然间，姚明需要对他的未来认真起来。他在学校努力学习，在球场上努力练习。学校竞争非常激烈，姚明知道如果他不努力，在中国有成千上万的年轻运动员会取代他的位置。幸运的是他热爱篮球，而不像他的很多同学那样很快就对练习和比赛厌倦了。他对这项运动永不厌倦。

他的努力得到了回报，14 岁的时候他被选入上海青年篮球队担任中锋。这是迈入中国国家队的第一步。

他那个时候已经差不多有六英尺五英寸高了，这在很多国家都是不寻常的高度，尤其是在男性平均身高是五英尺五英寸的中国，甚至学校的医生都对姚明究竟能长多么高都感到非常好奇。他们通过计算预测姚明成年时会长到七英尺五英寸！虽然在国家篮球队中不乏七英尺以上的运动员，但是极少有人拥有姚明的优秀技术和对篮球的热爱。姚明很幸运，因为 CBA 已经开始改革来适应外界的影响。很多年来，中国像工厂一样生产运动员，强迫人人都用一样的方法来打球，所以，虽然很多中国球员在投篮和运球的基础技术上很强，但是他们不知道怎样适应很多中国以外的比赛方式。美国 NBA 篮球赛节奏很快，而中国的篮球比赛速度很慢，而且没有变化。从八十年代开始，中国球员和教练们通过录像和卫星电视看到了 NBA 式的打法。

在学校，姚明和他的朋友、教练们都会观看 NBA 比赛。NBA 运动员的高超技术、飞快的速度和弹跳的高度都让他们感到非常吃惊。他们认真学习麦克·乔丹（Michael Jordan）的打法，乔丹代表着熟练、强健和智慧。那时，姚明并没有想到，有一天他也会有机会来创造篮球的历史。

姚明像海绵一样浸泡在篮球中。大多数时候，他每天会打四个小时的篮球或进行其它相关操练。尽管他的教练只要求他像普通球员一样在篮筐下练习投篮，但姚明从 NBA 比赛中了解到除了站在旁边等球之外他还有很多可以做的。

实践经验也证明如此。在很多比赛中，他已经被两三个球员防守着。他的队友经常很难把球传给他。他意识到如果他不学会怎样在移动中创造传球机会，他将永远只是站在篮筐下的那个高个子。于是姚明决定学着像一个普通身高的运动员那样打球。每当他有空余时间，他都会练习控球、传球和跳篮。随着他技术的进步，他的队友们开始意识到姚明不只是因为个子高而打篮球，他是一个碰巧长得很高的篮球运动员。

虽然姚明有时不听教练指挥站在篮筐下，但是给比赛带来的往往是好结果。他投篮很准，当他被挡住的时候，他知道怎么样把球传给有空间

投篮 的 队友。姚明 变成 一种 很 少见 的 运动员 ——

可以 让 他 的 队友 打 得 更 好 的 运动员。在 国家队

打球 以及 在 奥运会 中 代表 国家 参赛 是 姚明 和 其它

球员 最大 的 梦想。姚明 的 梦想 渐渐地 超过 中国

的 界限。当 他 闭上 眼睛 做 篮球梦 的 时候,他 看到

自己 和 乔丹,还有 其它 NBA 的 明星 在 一起 比赛!

阅读 后 理解 讨论题:

1. ❖ 姚明 和 其它 的 年轻 中国 篮球 运动员 有什么

不同 的 地方?

What were the differences between Yao Ming and other young
Chinese basketball players?

2. ❖ 中国 政府 对 最 优秀 的 运动员 待遇 如何?

其它 国家 呢?

How does the Chinese government treat its most outstanding athletes? How about other countries?

3. ❖ "虽然 很多 中国 球员 在 投篮 和 运球 的 基础 技术 上 很 强, 但是 他们 不 知道 怎样 适应 中国 以外 的 比赛 方式。" 你 对 这 句 话 有 什么 看法?

你 能 想出 中式 教育/ 训练 和 美式 教育/ 训练 其它 的 差别 吗?

"Although the best Chinese basketball players have very strong fundamentals, they aren't used to techniques used outside of China." What do you think of this statement? Can you think of other differences between the Chinese and American methods of education/training?

4. ❖ 卫星电视和电脑网络的发展让在世界不同地方的人能看到NBA的实况转播，改变了篮球在中国的发展。你能想到电视、网络改变社会的其它例子吗？

The development of television and the Internet changed the face of basketball in China by letting people all over the world watch live broadcasts of NBA games. Can you think of any other ways in which television and the Internet might change a society?

Please visit www.cheng-tsui.com/chinesebiographies for audio files, vocabulary lists, comprehension exercises and more!

第三章

3

❖ 迈 向 世 界 的 比 赛 ❖

Toward the International Arena

....

1. ❖ 你 最 喜欢 的 NBA 球队 是 哪一支？为什么？

   What is your favorite NBA team? Why?

2. ❖ 除了 姚 明 以外，你 知道 NBA 还 有 其它 的

   中国 球员 吗？叫 什么 名字？在 哪一队？

   Besides Yao Ming, do you know of any other Chinese basketball
   players in the NBA? What are their names? What teams do they
   play on?

3. ❖ 国际 运动 比赛（如 奥运会）和 国家 比赛（如

   NBA、NFL、NHL 等）有 什么 不一样？你 比较 喜欢

   看 哪一种？为什么？

   How do international sports competitions (like the Olympics)
   differ from national competitions (like the NBA, NFL, NHL and
   so on)? Which do you prefer watching? Why?

"NBA（National Basketball Association）成立于1949年。一开始，几乎所有的球员都是美国人，主要是因为这项运动还没有在世界各地普及。但是到了六十年代后期，职业球队开始在欧洲的几个国家发展起来，世界各地的人也都逐渐开始参与篮球运动。

然而，当时仍然很少有别的国家的球队可以达到美国强队的水平。到了七十年代前期，情况有了变化。像前苏联、东德等社会主义国家对体育竞技——特别是奥运会竞技比赛——非常重视。他们成立了体育学校，对运动员从小开始培养。中国政府也采取了相似的方法。

虽然如此，美国篮球迷相信其它国家的球队要想超过美国要再过好几十年。但是1972年西德慕尼黑（Munich, West Germany）的 奥运会 却 改变 了 一切。在 篮球 决赛 中，前 苏联 打败 了 美国。这是 美国 篮球队 第一 次 在 奥运会 比赛 中 输球。美国 球迷 感到 十分 震惊。

这是 前 苏联 对 国际 篮球 的 一次 打击。这次 的 打击 对 美国 篮球 有 了 不少 影响。第一，美国 在 奥运会 比赛 中 加倍 努力 避免 再 一 次 的 失败。第二，美国 教练 开始 注意 外国 球员。美国 的 失败 使 他们 看到 其它 国家 球员 和 美国 球员 有 可能 同样 优秀。不管 一个 球员 说 的 是 什么 语言，篮球 还 是 一样 大小，篮筐 还是 离 地面 十 英尺 高。

在 职业 水平 上，交换 多 是 单向 的。只有 极 少数 的 非 美籍 球员 进入 NBA，但是 不少 没能 进入 NBA 的 美国 球员 加入 了 国外 的 职业队，同时，一些

美国 篮球 运动员 开始 在 别的 国家 做 教练。因此，外国 和 美国 球员 的 技术 差距 在 二十 世纪 七十 年代 和 八十 年代 之间 大大 缩小 了。到 1984 年，NBA 开始 认真 地 观察 外国 球员。但是 招募 外籍 球员 并 不 容易。NBA 需要 说服 球员 的 政府 和 运动 协会 让 他 们 加入 美国队。在 很多 国家，一个 球员 的 职业 是 由 国家 篮球 协会 控制 的，这样 可以 保证 球员 继续 为 国家 队 服务。得不到 篮球 协会 的 允许，运动员 是 不 可以 合法 地 在 其它 国家 职业 篮球队 打球 的。在 八十 年代 和 九十 年代 初期，很多 外国 球星 直到 过了 他们 最佳 的 状态 才 能 正式 加入 NBA。

中国 也 同样 不 愿意 将 自己 的 球员 送到 美国。作为 一个 社会主义 国家，中国 社会 看重 团体 的 成就 而 非 个 人 成绩。在 九十 年代，国家 篮球 项目 的唯一目标就是为国家队选择球员。希望加入美国队的中国球员被认为是自私的。

同时，很少有中国球员能成为NBA的候选人。尽管中国有一大批运动员，NBA在中国的影响也越来越大，但是中国篮球仍然无法和世界上最好的篮球队竞争。他们仍然使用非常过时的打法，不适合国际比赛。每次他们得到球后就快攻，组织方式几乎没有变化。

很多中国球员开始对这样的打法不满。他们觉得他们的技术被浪费了。他们希望可以像电视上看到的NBA一样打球。除非中国球员有机会和更强的对手比赛，才有可能学到NBA的打法。

阅读 后 理解 讨论题：

1. ❖ 什么 事件 让 美国 球迷 感到 震惊 并 让 美国 篮球 教练 开始 注意 外国 球员？

What event shocked American basketball fans and made American basketball coaches start to pay attention to foreign players?

2. ❖ NBA 可以 很 容易 地 招募 外籍 球员 吗？请 简略 介绍 一下 过程 。

Is it easy for the NBA to recruit foreign players? Please briefly explain the process.

3. ❖ 什么 原因 限制 了 NBA 引进 中国 球员？

Until recently, what had prevented the NBA from importing Chinese players?

Please visit www.cheng-tsui.com/chinesebiographies for audio files, vocabulary lists, comprehension exercises and more!

第四章

4

❖ 姚明和马健 ❖

Yao Ming and Ma Jian

阅读前讨论题：

1. ❖ 当"第一"会面对什么样的挑战？（例如家里

第一个上大学的孩子），你有这种经历吗？

What challenges does one face by being "the first" to do something?
(e.g. the first in a family to attend college) Have you ever experienced
something like this?

2. ❖ 在 1980 年代，中国和美国的关系怎么样？

跟现在有什么不同？

What sort of relationship did China and the U.S. have in the
1980's? How did it differ from their relationship today?

3. ❖ 美国大学篮球队和 NBA 有什么关系？

What is the relationship between American college basketball teams
and the NBA?

马健 是 第一 个 加入 美国队 的 中国 知名 篮球 运动员。1988 年，六 英尺 七 英寸 的 马健 已经 是 中国 最好 的 后卫 之一。美国 大学 篮球 强队 加州 洛杉矶 大学（UCLA）队 的 教练 看到 他 在 国际杯 中 比赛，为 他 提供 了 奖学金，希望 马健 能 加入 他们 的 篮球队。当 马健 向 政府 提出 申请 时，他 保证 会 在 奥运会 和 其它 大型 国际 比赛 时 回到 中国 为 国家队 效力，但是 中国 政府 拒绝 了。

马健 没有 停止 申请。到 1992 年，政府 终于 同意 他 加入 美国队。然而 那时 加州 洛杉矶 大学 已经 把 奖学金 取消 了。所以 马健 读了 一 年 高中 后 去 了 犹他 大学（University of Utah）。他 的 表现 很好，所以 在 1995 年 和 1996 年 他 尝试 加入 NBA。两 次 他 都 是 最后一个被淘汰的。马健很失望，但是他已经证明了一个中国 球员可以和世界上最好的球员站在一起。

马健和NBA的擦肩而过在中国掀起了一些波澜。国家篮球协会认为马健背叛了中国，并在1992年阻止他回到国家队。然而1996年他回到中国的时候，他明显比以前进步了很多。马健可以像美国球星一样在胯下运球和后传。相比之下，其他中国 球员看起来慢多了。一个中国体育记者 承认体育协会"恨他"，但是体育记者都喜欢他，因为他是那么有个性。球迷们也喜欢他。马健也不怕批评中国篮球。他说："你要做一些不同的事才能成功。"

姚明，相比之下，更加幸运，那时，一些不同的事正在中国篮坛发生。1995年，体育协会建立了CBA，由12个队组成，CBA建立的目标是提高中国篮球在国际上的水平。联盟甚至允许一些外国人（包括一些美国人）加入中国球队。看到马健的进步，他们明白如果中国篮球想要发展，运动员要学习美式的打法。

这些改变姚明都经历了。在他成为中国篮球顶级球员的时候，中国篮球也开始走向世界。

阅读后理解讨论题：

1. ❖ 文章中提到："中国社会看重团体的成就而非个人成绩。"你认为呢？美国社会呢？请举例说明。

The chapter claims: "Chinese society values team achievement more than personal achievement." What do you think? How about American society? Support your argument with examples.

2. ❖ 请 你 简单 说明 马 健 的 篮球 经历 以及 他 对

中国 篮球 运动 发展 产生 的 影响 。

Briefly describe Ma Jian's basketball experience and his impact on the development of basketball in China.

3. ❖ 马 健 提到：“你 要 做 一些 不同 的 事 才 会

成功。” 你 也 是 这样 认为 吗？ 你 是否 也 作过

所谓 “不同 的 事” ？ 结果 如何?

Ma Jian said: "You have to do something different to achieve success." Do you agree? Have you ever done "something different"? What was the result?

Please visit www.cheng-tsui.com/chinesebiographies for audio files, vocabulary lists, comprehension exercises and more!

第五章

5

❖ 进入 NBA 的 第一步 ❖

Joining the NBA

阅读前讨论题：

....

1. ❖ 美国的运动员通常会得到什么样的额外

补贴？不同运动的运动员待遇是不是一样的？

哪一种运动员的待遇是最高的？

What sorts of perks do American athletes get? Does this vary by sport? Which sport do you think is most lucrative?

2. ❖ 姚明说："如果我留在中国，我会失去加入

NBA 的机会。但是如果我去 NBA，我会失去

为我祖国服务的机会。而我的祖国是最重要

的。"你也会像姚明一样说同样的话吗？

为什么？

Yao Ming once said: "If I stay in China, I'll be giving up the opportunity to enter the NBA. But if I go to the NBA, I'll be giving up the opportunity to serve my country. And my country is the most important." Would you be willing to make a similar statement? Why or why not?

3. ❖ 你 曾经 见过 你 仰慕 的 名人 吗？如果 有

机会，你 会 跟 他/ 她 说 什么？

Have you ever met a famous person you admire? If you had the
chance, what would you say to him/her?

4. ❖ 有些 运动员 会 加入 别的 国家 的 球队，如

大卫·贝克汉姆、姚 明 和 松井 秀喜 等 。他们

这么 做 会 遇到 什么样 的 挑战？

Some athletes may choose to play for another country's team, such
as David Beckham, Yao Ming, Hideki Matsui, etc. What challenges
might they face in doing so?

作为 一 个 十几 岁 的 年轻人，姚 明 被 中国 篮球

官员 认为 是 未来 的 明星。1997年，他 代表 中国U22

国家队 参加 了 世界 U22 的 锦标赛。一 年 后，17岁

的 他 得到 了 运动 产品 公司 耐克（Nike）的 注意。

耐克 赞助 了 CBA 球队 上海 大鲨鱼 队。 姚明 是 在 1997-1998 赛季 报名 参加 这个 队 的。但是 在此 赛季 开始 之前，耐克 邀请 他 参加 1997 年 夏季 在 巴黎 举行 的 全美（All-American）夏令营。很 多 来自 世界 各 地 的 年轻 球员 和 教练们 都 参加 了 这个 夏令营。那是 姚明 最 难忘 的 一次 经历。在 那次 夏令营 中，洛杉矶 湖人 队（Los Angeles Lakers）的 教练 注意 到 了 他 的 优秀 球技。

巴黎 只是 姚明 那年 夏天 的 第一 站。他 还 和 队友 刘 伟 一起 去了 印第安纳（Indiana）的 印第安纳 波利斯（Indianapolis）。在 那里，他 又 参加 了 美国 前 200 强 年轻 球员 的 夏令营。

很 多 学校 的 教练 在 夏令营 中 寻找 优秀 的 球员。当 姚明 到达 的 时候，极 少 有 美国 教练 听说过他。有些人认为他的动作会很慢或者没有协调性。没有人想到他可以一个人对抗美国最好的高中队。

到夏令营的最后几天，所有人都在谈论姚明。他所做的远远超过了人们的预期。夏令营组织者认为他是营中所有40名中锋中的第二强。尽管他的技能还不成熟，体重也只有225磅，但人们还从没见过一个这样既高大又充满智慧的球员。姚明很会控制自己的身体，他的动作非常连贯。他可以在其它小队员的包围中跳投，同时也是营里最好的传球队员之一。虽然强壮的球员很容易就可以把他推开，但是凭借着他七英尺五英寸的身高，姚明知道怎么来阻拦别人抢球。当有队员推得太用力的时候，姚明也会推回去。一个美国球员曾经这样描述他："他有在球场上奔跑的能力，有很好的控球能力和基本功。把这些和七英尺五英寸的身高结合起来，他就有了巨大的潜力。"他在夏令营的表现非常突出，最终赢得了第二最佳中锋奖。

姚明还得到机会成为迈克尔·乔丹在加利福尼亚圣塔芭芭拉（Santa Barbara）篮球夏令营的辅导员。这个17岁的孩子就要亲眼见到世界上最优秀的篮球运动员乔丹了。

这个篮球夏令营是专门培训18岁的男女篮球运动员的。教练和球员们指导年轻球员们基本知识：运球、投篮、传球等等。尽管姚明只会说一点点英语，但是他在做辅导员时并没有什么困难。最重要的是他经常有机会与乔丹和其他球星进行五对五的并列争球。在一次比赛中，乔丹投了一个三分球，然后让姚明做一样的动作。姚明圆满地完成了动作。乔丹的评价是："哇！这个高个子会投篮！"

几乎是一夜之间，姚明成了美国篮球的焦点。几乎每一个大学篮球队都希望他去为他们打球。但是姚明没有时间。

中国没有把姚明送到美国大学篮球队的意愿。国家队需要他和其它高个的球员——如七英尺一的王致郅——一起准备2000年的奥运会。同时，CBA的上海大鲨鱼队也需要他效力。

1997-98赛季初，当姚明以上海大鲨鱼一员的身份回到中国的时候，他的球技已经进步了，这一部分要感谢他在美国的经历。他的身高也

增加 了—超过 了七英尺高。但是 因为 他上半身力量 不够 所以 经常 被 撞。虽然 如此,那 一 季 他仍然 得到 了 每 场 比赛 平均 10 分 和 8.3 个 篮板球的 成绩。

姚明的 1998-99 赛季 由于 他的 腿伤 而 缩短 了。但是,在 他 参与 的 12 场 比赛 中,他 每场 比赛 的平均 得分 达到 了 20.9 分。接下去 的 那个 赛季,他 又回到 了 最佳 状态,参与 了 33 场 比赛,总共 得到 699 分 和 480 个 篮板球。这是 他 在 国家队 中 达到 的 顶峰 水平。他 飞快 的 进步、以及 他 的 身高 和 球技 使 他 成为 中国 篮球 的 传奇。

中国 还 没有 让 他 离开 的 意思。一方面,姚明 的 存在 提高 了 中国 篮球 比赛 的 观赛率。观赛率 和 电视 收看率 对于 CBA 是 十分 重要 的。因此,姚明 对

CBA 也十分关键。同时，姚明想要出国打球，需要很多机构达成协议，包括上海大鲨鱼队的经理、CBA 的官员、乃至上海市政府的代表。这些权威机构对姚明去美国大学球队打球并不感兴趣。上海大鲨鱼队的一位代表在 1999 年说过："他和我们签有协约，我们希望给他更多的培训。"他曾经说过，如果政府允许，上海大鲨鱼队也许会考虑把他卖给外国球队。"他越优秀，可以卖的价格就越高。"他们没有考虑将姚明送往大学球队，而是在考虑 NBA。

但是姚明并不确定他是否想出国。当一个美国记者问他是否想去美国打球时，他说："我还没有认真考虑过这个问题。如果我的老板觉得这样有利于我的发展，我会去的。不管你决定什么，都会失去一些东西。"这并不是说姚明没有考虑过加入 NBA 的可能性。他只是从两方面来看这个决定。就像他说的："如果我留在中国，我会失去去 NBA 的机会。但是如果我去 NBA，我会失去为我祖国服务的机会。而我的祖国是最重要的。"

尽管他在中国没有很多物质财富，但是和大多数的人民比起来，他的生活还是很不错的。他的住房和饮食都是免费提供的。他每个月的工资差不多 61 块美金。这对于中国人来说是很高的了。除此之外，他在各种锦标赛和国家队比赛中得到的奖金使他的年收入达到了几千美金。在中国，他已经算是一个有钱的年轻人了。就像他在大鲨鱼队的一个美国队友所说的："他将会放弃一切。在这里，家庭和责任是第一的。这是文化上很大的差异。所有的事都是很多人一起做的决定，并不是个人的。"在那个时候，也许姚明最好还是留在中国。几乎所有人都认为他还达不到NBA的标准。他可能只会成为候补队员。

慢慢地，中国开始意识到NBA对一些中国球员来说也许并不是一个坏地方。1999年，达拉斯小牛队（Dallas Mavericks）尝试吸收王治郅，他只比姚明大一岁，矮几英寸，但是经验更多些。小牛队知道中国不太可能让王治郅去NBA打球，因为就像姚明一样，他属于国家队，是CBA的球星。但是他们希望中国人可以考虑这种可能性。随着政府政策开放，王治郅终于在两年后加入NBA了。

2000 年春，姚明打算参加另一个美国的耐克训练营。但是中国政府不许他去。奥运会训练营提早开始，时间不允许姚明去了。美国观众下次看到他打比赛会是在悉尼（Sydney）奥运会上和美国国家队的对抗。

中国官员和 NBA 代表还没有彼此信任，但是尽管中国拒绝让姚明参加训练营，双方开始有了交流。耐克在中国的工厂雇佣了上千人。这对中国球队和政府官员产生了很大的影响。中国人开始意识到把中国球员送到 NBA 不仅会帮助中国篮球的进步，也有助于提高中国在世界上的形象。NBA 希望能把数量巨大的中国篮球迷变成 NBA 球迷，并购买 NBA 和耐克的产品。但是就像姚明还有很多篮球技术要学，中国和美国篮球官员仍然需要对彼此增加了解。

阅 读 后 理 解 讨论题：

....

1. ❖   姚 明 和 乔 丹 是 在 什么样 的 机会 下 见面 的？

   乔 丹 对 姚 明 的 评价 是 什么？

   How did Yao Ming meet Michael Jordan? What did Jordan say about Yao Ming?

2. ❖   中 国 和 美 国 的 篮球 运动 制度 有 什么 不同？

   How is the basketball system in China different from the American system?

3. ❖   文 中 提到 中 国 官员 和 NBA 还 没 有 彼此

   信任，但是 两 方面 已经 开始 交流。他们 的 计划

   是 什么？

   The chapter mentions that Chinese officials and the NBA began talking to each other even though they did not fully trust each other. What were they planning?

4. ❖ 为什么 CBA 一开始不让姚明在美国的球队

打球呢？你认为这是正确的决定吗？为什么？

Why was the CBA reluctant at first to let Yao Ming play for an American team? Do you think this was the right decision? Why or why not?

Please visit www.cheng-tsui.com/chinesebiographies for audio files, vocabulary lists, comprehension exercises and more!

第六章

6

❖ 在 美 国 ❖

Life in America

阅读前讨论题：

1. ❖ 你曾经到国外旅游过吗？你遇到过什么样的文化问题？你会想家吗？

   Have you ever traveled abroad? What kinds of cultural issues did you experience there? Did you feel homesick?

2. ❖ 你认为大多数的美国人是开车还是搭公共交通工具？你呢？开车和搭公共交通工具有什么优点和缺点？

   Would you say most Americans use their own private cars, or public transportation systems? Which do you use? What are the advantages and disadvantages of each?

3. ❖ 你有朋友或家人是在国外长大的吗？他们在适应美国生活的过程中会遇到什么样的问题？

Do you have any friends or family who grew up abroad? What challenges do you think they might face adjusting to life in the United States?

4. ❖ 美国 媒体 对 名人 的 生活 起了 什么 作用？

请 举例。

What is the role of the American media in the lives of famous people? Please give an example.

渐渐 地，中国 政府 意识 到 姚 明 去 NBA，不但 能 增进 世界 对 中国 的 了解，而且 对 2004 年 和 2008 年 奥运会 会 产生 积极 影响，因为 姚 明 在 NBA 打球 会 提高 得 更快，对 他 完成 奥运会 任务 作用 更大。于是 CBA 和 NBA 达成 协定，姚 明 将 会 听从 国家 召唤，代表 中国 国家队 参加 亚运会、世锦赛、奥运会 等 重要 国际 比赛。于是，姚 明 参加 了 2002 年 的 NBA

选秀。在选秀大会上，休斯敦火箭队在首轮第一顺位挑选了来自中国的姚明，姚明因此成为当年的"状元"。姚明也成为历史上第一个当选NBA状元新秀的中国球员。

姚明对他的NBA生涯充满信心。他说："我估计适应美国的生活需要半年时间，两年内可以适应NBA的打法。"虽然姚明进入了NBA以后在篮球场上需要进行很多调整，但是去美国最大的挑战可能是球场以外的生活。尽管作为一个中国国家队的队员，他经常到处旅行，但是国外的生活对他来说还是很新鲜。

比如说，在中国姚明没有车；那时候，很少有中国人有车。在上海如果他要去什么地方，他可以乘公交车或骑自行车。到美国后他要做的第一件事就是学开车。

说比做容易。大多数的车对于姚明来说都太小了，他也不懂交通规则，不认识路标。不过，到美国后不久，他就开始学开 SUV。

他面临的另一个困难是应付每一个人对他的强烈兴趣，既是因为他的身高，也是因为他的中国背景。姚明几乎马上成为了球迷的最爱。每一个人都想要他的签名或与他合影。（和姚明站在一起，大多数高个的人看起来都变得很矮了。）这样的关注让姚明觉得很不舒服。

他也要适应媒体。在中国，很少有记者采访他，他对媒体的接触很有限。但是在美国，有时会有 50 多个记者在火箭队（Rockets）的练习现场，在正式比赛中会更多。而且那些记者并不只是美国人。全世界的人民都希望更了解姚明。就像一个记者说的："他可能是世界上最忙的人。记者到处都跟着他。"

姚明很快就意识到不同的记者会一遍又一遍地问同样的问题。有一个他经常会被问的问题是他是否喜欢美国食物。大多数人都认为在中国，姚明吃的都是像中国餐馆里一样的食物。他们不知道姚明去过世界各地，而且中国的食物并不完全和中国餐馆一样，就像美国食物并不完全和美国快餐馆里的一样。

但是姚明还是很礼貌地回答这些问题。他很喜欢牛排、芝士蘑菇比萨饼和巧克力冰淇淋。姚明应付这些媒体的一个方法就是开玩笑。当有人问了一个很傻的问题，他也会给一个很傻的答案。有一次，有人问他在NBA和在中国打篮球最大的区别是什么。

"在这里我们说英语，"他说，"在中国他们说中文。"

另外还有一次，有人问他在美国生活最简单的是什么。

"睡觉。"姚明回答。他是半开玩笑的。他花很多时间打篮球，每次别人问候他的时候，他总是回答"很累"。很多人都无法相信姚明调整来自媒体压力的能力，他是那么礼貌、细心。他甚至给火箭队的官员、队友、甚至他的对手寄贺卡、写感谢信、送小礼品。一个火箭队的官员说："这是我第一次收到NBA球员的东西。"和很多其它的NBA球员不同，姚明珍惜和感激他新生活中的一切。在很多方面，他也只是个22岁的年轻人。他喜欢玩儿游戏，特别是动作和冒险类的。他喜欢《星球大战》（Star Wars）电影。他喜欢打篮球，喜欢和家人在一起放松休息。

在球场外，即使身高七英尺五也只是一个凡人而已。但是，在球场上，NBA很快就发现姚明是很特别的。就像姚明需要适应美国的生活一样，NBA的球员们要学会适应和姚明在一起的生活。

阅读 后 讨论题:

1. ❖ 媒体 会 问 姚明 什么 样 的 问题? 姚明 的 回

答 是 什么?

What sorts of questions did the media ask Yao Ming? What were his answers?

2. ❖ 文章 中 提到:"姚明 珍惜 和 感激 他 新 生活

的 一切。" 你 能 举出 一些 例子 吗?

The chapter mentions: "Yao Ming cherished and appreciated his new life in the U.S." Can you give some supporting examples?

3. ❖ 你 对 中国 / 台湾 / 香港 的 媒体 了解 多少? 你

觉得 他们 和 美国 媒体 有 什么 相同 和 不同 的

地方?

How much do you know about the Chinese/Taiwanese/Hong Kong media? How is it similar to and different from American media?

4. ❖ 如果你是记者，你会问姚明什么问题？

为什么？

If you were a reporter, what questions would you ask Yao Ming? Why?

Please visit www.cheng-tsui.com/chinesebiographies for audio files, vocabulary lists, comprehension exercises and more!

第七章

7

❖ 姚明和奥尼尔 ❖

Yao Ming and Shaquille O'Neal

阅读 前 讨论题：

1. ❖ 你 知道 沙奎尔·奥尼尔（Shaquille O'Neal）是 谁

   吗？你 能 介绍 一下 他 的 童年、青少年 和 他 的

   篮球 生涯 吗？

   Do you know who Shaquille O'Neal is? Briefly describe his childhood, adolescence, and basketball career.

2. ❖ 请 比较 一下 姚明 和 奥尼尔。

   Please compare Yao Ming and O'Neal.

	姚 明	沙奎尔·奥尼尔
生日 Date of Birth		
身高 Height		
体重 Weight		
出生地 Place of Birth		

3. ❖ 有 没 有 人 得 罪 过 你？ 是 什 么 事？ 你 感 觉

怎 么 样？ 你 有 什 么 反 应？

Has anyone ever offended you? What happened? How did you feel?
How did you react?

就 像 在 球 场 上 一 样 ， 姚 明 在 球 场 外 也 变 得

越 来 越 重 要 。 火 箭 队 的 球 票 突 然 销 售 一 空 。 过 去

的 几 年 ， 很 少 有 人 喜 欢 看 他 们 的 比 赛 ， 他 们 也

习 惯 了 在 没 有 热 情 的 观 众 面 前 打 球 。

现 在 ， 当 火 箭 队 打 球 的 时 候 ， 球 迷 都 为 姚 明

和 火 箭 队 加 油 。 在 全 明 星 赛 （All-Star Game）的 球 迷

投 票 中 ， 姚 明 得 到 的 票 数 最 多 。

姚 明 的 照 片 开 始 在 杂 志 封 面 上 出 现 。 全 国 的

记 者 都 开 始 跟 踪 报 道 火 箭 队 ， 报 道 关 于 姚 明 的

故事。两个休斯敦的作曲家 Chance McClain 和 Kevin Ryan 甚至写了一首关于姚明的歌，名叫 "It's a Ming Thing"。火箭队的啦啦队为这首歌配了一段舞。每次在火箭队主场放这首歌的时候，全场的观众都会兴奋到极点。

姚明在中国的影响也很大。每场休斯敦的比赛都是现场直播，也就是说很多中国人都是在凌晨的时候观看比赛的。一位作曲家说："他们把这叫做'和姚明吃早饭'。我们的歌在每场比赛之前播放。"

尽管姚明越来越有名，但是他还是能把一切都安排得很好。他妈妈和他一起住在休斯敦郊区的家。每场比赛后，他妈妈都保证他有东西吃，并且尽量帮他安排一切，让他好好休息。她明白作为一位世界级运动员，生活会变得困难和复杂。

由于语言的差距姚明有自己的翻译，名字叫潘克伦（Colin Pine）。他不但是姚明的翻译，也是他的好朋友。潘克伦教姚明怎么开车，怎么适应美国文化和生活。他也演过电影《挑战者姚明》（The Year of the Yao）。潘克伦是在詹姆士·麦迪逊（James Madison University）念的大学，中文是在台湾的台大国际华语研习所（International Chinese Language Program）学的。他和姚明生活在一起。他除了做姚明和火箭队的翻译，也帮助姚明学习英语。潘克伦曾说，只要姚明学会英文，他就没有必要做翻译了。姚明甚至开玩笑说真想早点解雇他。

姚明也和他的队友们成了朋友。一位队员

说过："我很喜欢他。他不高傲。我很喜欢和他一起打球。"姚明开始学会和他们开玩笑。他们成为了一个真正的团队，队员之间的关系越来越紧密。

不可思议的是，姚明加入 NBA 后不到两个月的时间，平均每晚得分已经在 20 分以上，能挡住 6、7 个投篮，拿下 10 到 15 个篮板球。

姚明表现太好，大部分的球队都对他贴身防守，甚至经常双人包夹。火箭队把这变成了他们的优势。当这种情况发生的时候，教练会告诉他的球队："利用姚明假装攻击吸引对方，然后转身寻找机会进攻。"这就是说让对手误认为他们会把球传给姚明，然后把球传给球场另一边的队员。这支年轻的队伍学习得非常快。

姚明一直打得很好,火箭队也不断赢得比赛。此时,洛杉矶湖人队(Los Angeles Lakers)的中锋沙奎尔·奥尼尔(Shaquille O'Neal)回到了湖人队。

各地球迷都关心这两支强队在2003年1月17日的第一次较量。这场比赛会在美国和中国直播。这场比赛被大肆宣传,并有传言说奥尼尔和姚明之间的关系比球场上更紧张。

在比赛的几个星期前,一个电视台播放了奥尼尔的采访。在采访中,奥尼尔用一种讽刺的中国口音说:"告诉姚明'Ching-chong-yang-wah-ah-soh.'"奥尼尔以为这些话听起来像中文。

虽然奥尼尔只是想开玩笑,但是他冒犯了很多华裔美国人,他们觉得他在取笑中国人和中国文化。记者们让姚明听了这段采访,问他是否觉得被冒犯了。姚明成熟冷静的回答给很多观众留下了深刻的印象。他没有生气，他说："我相信奥尼尔只是在开玩笑，但是可能很多亚洲的朋友没有理解这个笑话。"

他还说他并没有期待奥尼尔的道歉，并回了奥尼尔一个笑话，说："中文很难学的。当我还小的时候，也学了很久的中文。"

火箭队以 108 比 104 赢了头一场比赛。尽管奥尼尔整场比赛得了 31 分，而姚明只得了 10 分，而且奥尼尔在篮板上以 13 比 10 超过姚明，但是毫无疑问姚明在比赛开始的表现为火箭队打下了基础，而他在比赛最后的表现又是最终获胜的关键。

赛后姚明非常高兴。他说："我从来没有碰到过像他那样的对手，每个球员的 梦想 都是和美国 最 好 的 中锋 打球。这就是生活，这就是世界。你只能 面对。我 觉得 我 好像 在 水底 好久了，现在终于可以呼吸了。"

奥尼尔 知道 他们 俩 以后 还 会 有 其它 机会 较量。他 对 姚明 的 评价 是："他 是 个 大个子，他 是个很优秀的球员，也是个很好的人。"

姚明 对 这场 比赛 也 做了 评价。他 说："我该怎么 说 呢，我们 今天 赢了 湖人 队。奥尼尔 还是奥尼尔。在 美国，每 一 个 人 都 是 公平 竞争 的。但是 在 球场 上，有时候 是 不公平 的。奥尼尔 比任何 人 都 更 高大，更 强壮。"但是 姚 明 和 火 箭队 在 这次 比赛 中 证明 了 自己 的 实力。

阅读后讨论题：

1. ❖ 奥尼尔说错了什么话？为什么会冒犯华裔

美国人？

What did O'Neal say that was wrong? Why might this make Chinese Americans feel offended?

2. ❖ 姚明的翻译怎么样来帮助他的日常生活？

How did Yao Ming's translator help him in day-to-day life?

3. ❖ "和姚明吃早饭"是什么意思？它说明

中国的球迷怎么样？

What is meant by "having breakfast with Yao Ming"? What does this say about his fans in China?

4. ❖ 火箭队是怎么样把对于姚明增加的 防守

变成 优势的？

How did the Rockets turn the extra defenders guarding Yao Ming into an advantage?

Please visit www.cheng-tsui.com/chinesebiographies for audio files, vocabulary lists, comprehension exercises and more!

第八章

8

❖ 世界明星 ❖

International Celebrity

阅读 前 讨论题：

....

1. ❖ 你 最 喜欢 的 篮球 明星 是 谁？ 为什么？

   Who are your favorite basketball stars? Why?

2. ❖ 在 本章 的 最后 一 段，姚明 告诉 一 位 记者：

   "中国人 都 说：'姚明，你 是 所有 中国人 的

   希望。'" 为什么？ 你 觉得 所有 中国人 的 希望

   是 什么？ 你 是 其它人 （父母、祖父母） 的 希望

   吗？ 为什么？

   In the last paragraph of this chapter, Yao Ming says: "The Chinese people are saying: 'Yao Ming, you are the hope of all Chinese people.'" Why? What do you think is the hope of all Chinese people? Are you the hope of your family? Why?

NBA 的 赛季 共有 82 场 比赛，而 火箭队 对 湖人队 的 比赛 纪录 是 23 比 15。在 这 一 季 赛程 过半时，火箭队 已经 很有 希望 进入 最后 决赛 了。然而，每 一个 NBA 球员 都要 适应 赛季 的 长度。很多 球员 都 要 经过 好几年 才能 适应。年轻 的 火箭队 还在 适应 过程 中。2003 年，眼看着 火箭队 快要 成为 最强 的 球队 时，球员 的 体力 却 都 已经 透支 了。

姚明 的 表现 突然 好像 降了 一个 台阶。他的 得 分 和 篮板球 都 越来越 少。在 一些 比赛 中，他 几乎 没 有 起到 作用。一部分 原因 是 在 他的 队友 体力 透 支 的 时候，对手 可以 更 紧 地 防守 他。但是 他 也 精疲 力尽 了。他 几乎 没有 休息 地 打了 一年多 的 篮球，从 CBA 到 NBA。另外，他 还 需要 适应 一个 新的国家、新的文化、新的语言和突然成为世界级著名运动员带来的压力。火箭队的教练希望能帮姚明减轻一些压力。他让队友试着减少把球向内线扔的次数，这样可以给姚明一点休息的时间。最后，姚明在1月29日对阵达拉斯的比赛中重振士气。这场比赛来得正是时候。全明星赛就快要开始了，姚明希望在这场比赛中可以把球打好。

全明星赛是美国篮球界的盛事，姚明在全明星赛的观众票选中比任何球员得的票都多，并且被选中取代湖人队的奥尼尔当先发球员。但是他并不认为他是最好的中锋或是球队里最好的球员。姚明知道，尽管他偶尔可以打败奥尼尔和蒂姆·邓肯（Tim Duncan），但是要赶上他们还有很长的路要走。当时，他还只是一个有着未知潜能的年轻球员。

姚明越来越有名，甚至对篮球不太关心的人也知道他是谁。他后来还为一个电脑公司拍广告。在广告中，姚明拿着一台很小的笔记本电脑坐在飞机上，旁边是演员 Verne Troyer 拿着一台很大的笔记本电脑。姚明在广告中不需要说任何话。他只是转过身对着身高只有三英尺的 Troyer 笑。拍完广告以后，从没看过篮球比赛的人都知道姚明是谁了。很多不看篮球的人也开始观看全美篮球明星赛，只为了看姚明。

自从姚明加入 NBA 以后，带来了巨大的影响，特别是在美国以外的影响。单是在中国，就有三亿中国人通过电视观看火箭队的比赛。姚明把 NBA 篮球赛 介绍 给了 将近 世界 四分之一 的 人口。所有 NBA 的 官员 都 对 姚明 巨大 的 影响力 感到 震惊。在 短短 的 一个 赛季，姚明 就 造成 这么 大 的 影响。NBA 官员 对 美国 媒体 解释 中国 对 NBA 的 重要性。他们 说："美国人 在 学习 中国 的 很多 事情，很多 中国人 也 通过 姚明 了解 很多 关于 美国 的 事情。这 是 我们 在 体育运动 中 最 希望 看到 的。"姚明 就是 篮球 运动 最 成功 的 大使。

一位 记者 说："在 中国，姚明 代表了 所有人 的 希望。他 强壮、有 生命力、有 智慧，是 一个 国际 明星，一个 好 男人，一个 球队 队员。"姚明 可以 把 不同 国家、不同 文化 的 人们 聚集 在 一起，促进 人与人 之间 的 理解。他的 事业 刚刚 开始。但 他 继续 客观 地 看待 一切。因而 姚明 告诉 一位 记者："中国人都说：'姚明，你是所有中国人的希望。'这给我很多压力，我只是一个篮球运动员。"凭借这种态度，姚明一定会比一般的篮球运动员更出色。

阅读后讨论题：

1. ❖ 姚明在 NBA 比赛中受到的压力大吗？

Was Yao Ming under a lot of pressure in the NBA?

2. ❖ 姚明对 NBA 的影响大吗？从哪些方面体现出来的？

Did Yao Ming have a big impact on the NBA? How so?

3. ❖　姚 明 是 如 何 在 观 众 心 中 树 立 起 篮 球 明

星 的 地 位 的？

How did Yao Ming establish his star status in the hearts of his fans?

4. ❖　你 最 欣 赏 姚 明 的 什 么 地 方？

What do you like most about Yao Ming?

5. ❖　如 果 你 见 到 姚 明， 你 想 告 诉 他 什 么？

What would you like to say to Yao Ming if you saw him in person?

Please visit www.cheng-tsui.com/chinesebiographies for audio files, vocabulary lists, comprehension exercises and more!

Epilogue

　　姚明在 2010 年年底因为左脚第三次骨折，经过半年多的思考后决定在 2011 年 7 月 20 日宣布退役，为他在 NBA 九年生涯画上句号。姚明可以说是中国篮球史上最杰出的运动员代表。在雅典和北京的奥运会上，姚明光荣地担任中国代表团代表。在 NBA 的时期，他克服语言，文化差异和脚伤，不断地自我超越。他的敬业精神、职业道德和良好的社会形象提升了篮球在中国的影响力。他不但让篮球运动在中国更受欢迎，同时让中国人在美国的形象得以提升。

篮球 是 姚明 家庭 的 传承， 他 也 因为 篮球 和 他 心爱 的 人 结婚，成立 美满 的 家庭。姚明 的 太太 名字 叫 叶莉，是 中国 女子 篮球 运动员，身高 1.90 米（6 英尺 3 英寸）。姚明 和 叶莉 从小 就 在 一起 训练，在 叶莉 的 眼中，姚明 是 一个 有趣 又 完美 的 男人。他们 两人 于 2007 年 结婚，在 2010 年 生下 女儿 姚沁蕾。对于 姚明 女儿 能 长 多高，大家 都 非常 好奇。姚明 身高 2 米 26，叶莉 身高 1 米 90。根据 遗传学 公式 计算，小沁蕾 将来 身高 应该 在 1.95 米 至 2.08 米（6 英尺 5 英寸 至 7 英尺）之间。

多年 以来，姚明 参与 了 很多 慈善 活动，包括 "NBA 篮球 无 国界 活动"、2003 年 非典 捐款。他 希望 用 自己 的 声望 来 改变 中国人 的 一些不良习惯：例如 他 担任"护鲨 行动"亲善 大 使，呼吁 所有 中国人 都 抵制 吃"鱼翅"。2008 年 汶川 大 地震 后，姚明 为 灾区 捐款200 万 美元，并且 为了 帮助 重建 在 地震 中 毁坏 的 学校，而 在 2008 年 成立 姚 基金 希望 小学 来 协助 贫困 地区 的 青少年。他 计划 在 退休 后 用 60% 的 精力 做 慈善。姚明 说："每 个 人 的 物质 有 多 有 少，但 时间 是 一样 的，把 这 些 时间 投入 到 慈善 的 人们 会 感 到 物有 所值。不管 大家 能力 有 多少，共为，则善大。"

Bibliography

1. "姚明官方网站."
   http://yaoming.sports.sohu.com/yaoming. shtml

2. "Yao Ming Player Profile."
   http://www.nba.com/draft2002/profiles/yao_ming.html

3. "Ma Jian." http://en.wikipedia.org/wiki/Ma_Jian_(basketball_ player)

4. Christopher, Matt. *On the Court with Yao Ming*. New York: Time Warner Book Group, 2004.

5. "Yao Ming Player Stats." http://stats.nba.com/player/#!/2397/